Te Kamarurung

Te korokaraki iroun Amani Uduman
Te korotaamnei iroun Maria Luzina

Library For All Ltd.

E boutokaaki karaoan te boki aio i aan ana reitaki ae tamaaroa te Tautaeka ni Kiribati ma te Tautaeka n Aotiteeria rinanon te Bootaki n Reirei. E boboto te reitaki aio i aon katamaaroaan te reirei ibukiia ataein Kiribati ni kabane.

E boreetiaki te boki aio iroun te Library for All rinanon ana mwane ni buoka te Tautaeka n Aotiteeria.

Te Library for All bon te rabwata ae aki karekemwane mai Aotiteeria ao e boboto ana mwakuri i aon kataabangakan te ataibwai bwa e na kona n reke irouia aomata ni kabane. Noora libraryforall.org

Te Kamarurung

E moan boreetiaki 2022
E moan boreetiaki te katootoo aio n 2022

E boreetiaki iroun Library For All Ltd
Meeri: info@libraryforall.org
URL: libraryforall.org

Te korotaamnei iroun Maria Luzina

Atuun te boki Te Kamarurung
Aran te tia korokaraki Uduman, Amani
ISBN: 978-1-922844-43-9
SKU02285

Te Kamarurung

E rangi ni kakaawaki kateimatoaan te marurung ni maiura bwa ti aonga n ikawairake raoi nakon are
ti kaantaningaia.

Te bwai ae nanonaki ni kateimatoaan te marurung bon....

Kanakin amwarake aika baeranti.

E nanonaki iai bwa ti na rinorinoi raoi amwarake aika ti na kaanii bwa a na manena raoi nakon rabwatara.

Uaanikai aika boou, irikon maan, amwarake nako aika a karaoaki man te miriki ao amwarake aika e mwaiti iai te titaati, a bon rangi n boongana ibukin kamatoatoaan riira ao bon rabwatara naba. Kanakin amwarake aikai a na kona ni buoka karaoiroan ara konabwai n ara iango, ao ni kateimatoaa korakorara.

Te bwai ae ko na karaoia: Iangoa boonganan te amwarake ae ko a tia ni kanna n te bong aei ao raoiroina nakon rabwatam.

Kabatiaan nimakin te ran.

Kabatiaan nimakin te ran e bon buoka
rabwatam bwa e na mmwakuri raoi.
E na kona ni bane ranin rabwataia ataei
aika a aki mooi ran, ao aei e kona ni
karika te kakai kua bwa akea korakoran
rabwataia. E rangi ni boongana te mooi
ran bwa e kanakoi naba boitin man
rabwatara aika a kona ni karika te aoraki.

Te bwai ae ko na karaoia: Ko na iangoi riki aanga tabeua aika ko kona ni kabatiaa iai te mooi ran ni katoa bong?

Teimatoa ni kakammwakuri.

E rangi ni boongana te kakammwakuri nakon rabwatam. Ko kona ni marurung raoi ao ni korakora iai. E kona naba ni buokiko ni kamarauii bwain rabwatam. E boongana te kakammwakuri n aekana nako, n aron te nakonako ao te iouka.

Te bwai ae ko na karaoia: Iangoi bwaai aika ko kaakaraoi ibukin kateimatoaan te kakammwakuri?

Karekean te motirawa ae tau.

A rangi n tatabetabe ataei. A nako n
reirei, a irii takaakaro aika kaakaraoaki
i mwiin te reirei, ao a karaoi aia bwai n
reirei ni mweengaia. Karaoan aikai e kona
ni uotiia ataei nakon te kua ma te korakai.
A riai ni matuu n te tai ae riai, bwa
aonga ni motirawa raoi rabwataia ao ni
marurung i mwaain te bong are i mwiina.

Te bwai ae ko na karaoia: Baairea raoi am tai ni matuu. Iangoi naba bwaai aika ko na karaoi i mwaain matuum?

E rangi ni boongana bwainan te kamarurung nakon maiura. Ti kona ni bane ni marurung ngkana ti rinei raoi kanara ma nimara ao ni baairei raoi ara tai n mwakuri, ni motirawa ao n takaakaro.

Te bwai ae ko na karaoia: Iangoi bwaai aika ko na karaoi bwa ko aonga ni marurung riki?

Ko kona ni kaboonganai titiraki aikai ni maroorooakina te boki aio ma am utuu, raoraom ao taan reirei.

Teraa ae ko reiakinna man te boki aio?

Kabwarabwaraa te boki aio.
E kaakamanga? E kakamaaku?
E kaunga? E kakaongoraa?

Teraa am namakin i mwiin warekan te boki aio?

Teraa maamaten nanom man te boki aei?

Karina ara burokuraem ni wareware
getlibraryforall.org

Rongorongon te tia korokaraki

E mwaing ma ana utuu ma i Sri Lanka nako Aotiteeria Amani Uduman ngke nimaua ana ririki. E a tia ni kamatebwai i Deakin University i Melbourne ao e a tia n reke ana beebwa n tia reirei. I rarikin tabena n taraia natina aika teniman, e kaboongana mwaawan ana tai ni korei ana karaki. E bon maamate naba nanona ni warekan aia boki ni karaki ataei aika a koaua, a karioaki ao a kaunga.

Ko kukurei n te boki aei?

Iai ara karaki aika a tia ni baarongaaki aika a kona n rineaki.

Ti mwakuri n ikarekebai ma taan korokaraki, taan kareirei, taan rabakau n te katei, te tautaeka ao ai rabwata aika aki irekereke ma te tautaeka n uarokoa kakukurein te wareware nakoia ataei n taabo ni kabane.

Ko ataia?

E rikirake ara ibuobuoki n te aonnaaba n itera aikai man irakin ana kouru te United Nations ibukin te Sustainable Development.

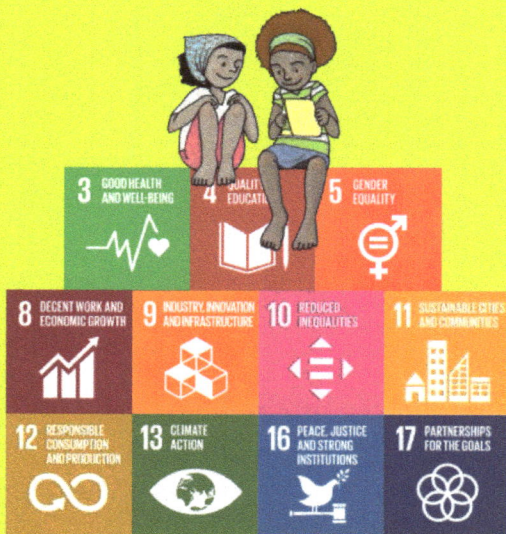

www.ingramcontent.com/pod-product-compliance
Lightning Source LLC
Chambersburg PA
CBHW040316050426
42452CB00018B/2869